Norddeutscher Lloyd Bremen

Schnelldampfer Bremen

Norddeutscher Lloyd Bremen

Schnelldampfer Bremen

ISBN/EAN: 9783954272587
Erscheinungsjahr: 2013
Erscheinungsort: Bremen, Deutschland

© maritimepress in Europäischer Hochschulverlag GmbH & Co. KG, Fahrenheitstr. 1, 28359 Bremen. Alle Rechte beim Verlag und bei den jeweiligen Lizenzgebern.

www.maritimepress.de | office@maritimepress.de

Bei diesem Titel handelt es sich um den Nachdruck eines historischen, lange vergriffenen Buches. Da elektronische Druckvorlagen für diese Titel nicht existieren, musste auf alte Vorlagen zurückgegriffen werden. Hieraus zwangsläufig resultierende Qualitätsverluste bitten wir zu entschuldigen.

NORDDEUTSCHER LLOYD BREMEN

Expreß-Dienst

des

Norddeutschen Lloyd Bremen

Die fortschreitende Entwicklung der modernen Verkehrstechnik hat nicht allein die Sicherheitseigenschaften der einzelnen Verkehrsmittel gefestigt, sondern auch zu einer beachtlichen Steigerung der Geschwindigkeiten geführt. Dafür lieferte der im Juli 1929 auf der Linie Bremen—New York in Dienst gestellte Schnelldampfer „Bremen" des Norddeutschen Lloyd einen schlagenden Beweis. In vier Tagen und achtzehn Stunden legte dieses 51 656 Brutto Register Tonnen große Schiff die Reise über den Nordatlantik zurück, und im Oktober 1929 vollendete es seine Rundreise Bremerhaven — New York — Bremerhaven in der bemerkenswert kurzen Zeit von nur 14 Tagen, 17 Stunden und 40 Minuten (einschließlich

NORDDEUTSCHER LLOYD BREMEN

der Liegezeit von zwei Tagen zehn Stunden in New York). Das sind Leistungen, die in der gesamten Weltschiffahrt einzig dastehen und für den regelmäßigen Schnellverkehr, den der Norddeutsche Lloyd im Frühjahr 1930 mit den Dampfern „Bremen" und „Europa" sowie mit dem durch den Einbau neuer Maschinen wesentlich beschleunigten Dampfer „Columbus" auf der gleichen Linie eröffnen wird, in hohem Maße verheißungsvoll sind. In wöchentlichem Turnus werden diese Schiffe zwischen den Häfen Bremen und New York einen Schnellverkehr vermitteln, der nach jeder Richtung hin als erstklassig und zeitgemäß angesprochen werden muß. Alle drei Dampfer laufen auf der Ausreise die Kanalhäfen Southampton und Cherbourg an. Die Heimreise der Dampfer „Bremen" und „Europa" führt ebenfalls über diese Häfen, während der Dampfer „Columbus" Plymouth und Cherbourg berührt. Bemerkenswert sind die in neuerer Zeit in verstärktem Maße zur Durchführung gekommenen Bestrebungen der dem

NORDDEUTSCHER LLOYD BREMEN

Verkehr dienenden Unternehmungen, nach Möglichkeit ein Zusammenwirken der verschiedenen jetzt zu Gebote stehenden modernen Verkehrsmittel zu veranlassen und für möglichst bequeme Anschlüsse des einen an das andere zu sorgen. Durch Ausbau der Eisenbahnen, durch die außerordentliche Ausdehnung des Automobilismus, durch die Entwicklung des Flugwesens ergeben sich auch für die Überseeschiffahrt Kombinationen mit diesen Verkehrsmitteln, die namentlich für solche Reisende von Wichtigkeit sind, denen "Zeit" im wahren Sinne des Wortes "Geld" ist.

Im besonderen ist da auf die Kombination von Dampfer und Flugzeug hinzuweisen. Wenn auch das in den Frühjahrs- und Sommermonaten der beschleunigten Postbeförderung dienende Katapultflugzeug des Dampfers "Bremen" nicht für die Beförderung von Fahrgästen benutzt werden kann, so stehen doch bei Ankunft des Schiffes in Amerika sowohl als auch in Bremerhaven

NORDDEUTSCHER LLOYD BREMEN

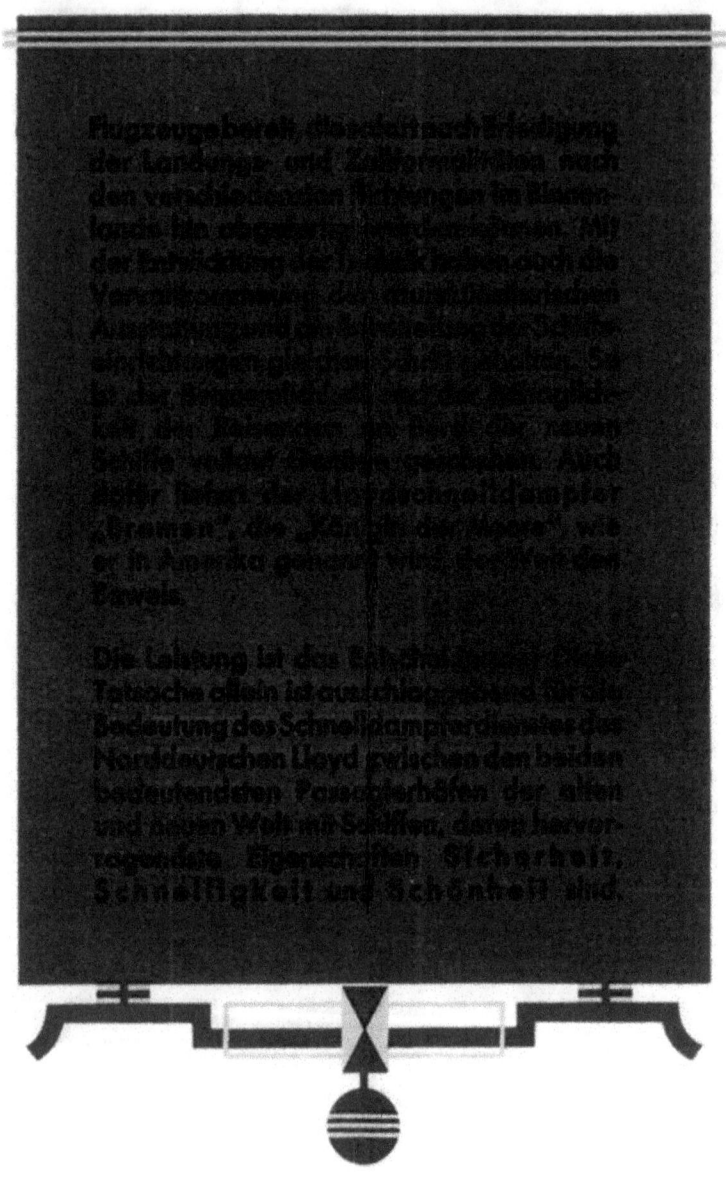

Flugzeugbereit, das dann nach Erledigung der Landungs- und Zollformalitäten nach den verschiedensten Richtungen in Deutschland hin abgesandt wird, vielleicht. Mit der Entwicklung der Luftfahrt wächst auch die Verwendbarkeit der Zusammenarbeit von Flugzeug und Schnelldampfer. Schiffsentwicklungen spielen dabei eine Rolle. Sie ist der Gradmesser für den Vergleich der Leistungen alter und neuer Schiffe unter ihnen Gesichtspunkt. Auch dafür liefert der Doppelschraubendampfer "Bremen", das "Pferd der Meere", wie er in Amerika genannt wird, den klaren Beweis.

Die Leistung ist das Entscheidende. Diese Tatsache allein ist ausschlaggebend für die Bedeutung des Schnelldampferdienstes des Norddeutschen Lloyd zwischen den beiden bedeutendsten Passagierhäfen der alten und neuen Welt mit Schiffen, deren hervorragendste Eigenschaften Sicherheit, Schnelligkeit und Schönheit sind.

NORDDEUTSCHER LLOYD BREMEN

Kapitän Leopold Ziegenbein, der Führer des Schnelldampfers „Bremen". Ziegenbein steht seit dem 24.4.1900 in Diensten des Norddeutschen Lloyd. Bevor er mit der Bauaufsicht und der Führung des D. „Bremen" betraut wurde, war er Führer des D. „Columbus".

NORDDEUTSCHER LLOYD BREMEN

Außen-Ansicht D. „Bremen"

Der Schiffskörper des Schnelldampfers „Bremen" wirkt nicht plump und ungefügig wie ein schwerfälliger, nur unter Anwendung äußerster Kräfte zu beherrschender Koloß – sein Äußeres ist imposant, elegant und schnittig, anmutig und geschmeidig. Die ganze Flucht der Linien, dieses selbst in der Ruhe Vorwärtsstrebende, deutet auf Geschwindigkeit hin. Wundervoll einheitlich fließt alles ineinander: das matte Schwarz der stählernen Außenhaut, nach unten zu mit Weiß und Rot abgesetzt, nach oben hin in die schimmernde Helle der hohen Deckaufbauten mit der unübersehbaren Reihe gläserner Fenster übergehend; darüber hinaus in das Ockergelb der beiden mächtigen Schornsteine sich steigernd. Schönheit der Technik von fascinierendem Eindruck.

NORDDEUTSCHER LLOYD BREMEN

Große Halle I. Klasse

Der Mittelpunkt des gesellschaftlichen Lebens ist die große Halle, kraftvoll in ihrer raumkünstlerischen Geschlossenheit, streng in der Linienführung, licht und weit, sich durch zwei Decks hindurchschwingend, von schlanken Säulen getragen. Nachmittags und abends der Rendezvous-Platz der Reisenden bei Konzert oder Tanz.

Ballsaal

Die Krönung der architektonischen Schöpfungen ist der Ballsaal. In ihm herrscht ein unbeschreiblich schöner Zusammenklang aller künstlerischen Mittel. Das Mondäne herrscht vor. Der Bestimmung des Raumes entsprechend, in dem sich zu abendlicher Stunde eine festlich gekleidete Gesellschaft tanzfroher Menschen vereint.

NORDDEUTSCHER LLOYD BREMEN

Tanz im Ballsaal

In der Nische

An der Bar

Kino

NORDDEUTSCHER LLOYD BREMEN

Vorraum und Treppenhaus

Ladenstraße
Voll entzückender Eleganz ist die Ladenstraße. Die Schauvitrinen enthalten antike Kunstgegenstände und reizvolle Modeschöpfungen. Hier kauft die Dame oder der Herr, was dem Auge gefällt und dem Geschmack entspricht

NORDDEUTSCHER LLOYD BREMEN

Großer Speisesaal I. Klasse
Die Architektur des großen Speisesaals betont die Fläche. Denn nur so vermag sie den äußeren Rahmen für die Aufnahme der festlichen Gesellschaft der hier speisenden Menschen zu bilden. Eine Fülle von Licht fließt durch den Raum und spiegelt sich tausendfach in Silber und Kristall auf blumengeschmückten Tischen

NORDDEUTSCHER LLOYD BREMEN

NORDDEUTSCHER LLOYD BREMEN

Separat-Speisesaal
(Jagdzimmer)

Dem Hauptspeisesaal I. Klasse sind zwei Sonderspeisesäle angegliedert. Beide Räume besitzen hochwertigen künstlerischen Schmuck. Obenstehend Gobelin-Malereien der Berliner Künstlerin Ulla v. Both

Rolandstatue

In einer Nische des zum Hauptspeisesaal führenden Treppenhauses steht eine Rolandstatue, ein kunstvolles Schmiedewerk des Bildhauers Walter Schmieg. Der Künstler schuf diese Gestalt in Anlehnung an das Freiheitssymbol der Patenstadt des Dampfers

NORDDEUTSCHER LLOYD BREMEN

Sonnendeck-Restaurant

Reich ist die Formen- und Farbensprache des Sonnendeck-Restaurants. In buntem Wechsel verkörpert sie internationalen Geschmack und schafft so durch reizvolle Vielseitigkeit die Voraussetzung für eine starke Inanspruchnahme des Restaurationsbetriebes, in dem unabhängig von bestimmten Mahlzeiten gespeist werden kann

NORDDEUTSCHER LLOYD BREMEN

Flügel im Sonnendeck-Restaurant

Rauchsalon I. Klasse

Durch den intimen Rauchsalon schwingt eine leichte exotische Note. Das dunkle Makassar-Ebenholz der Wände zeigt reichen figürlichen Intarsienschmuck. In der Nähe des Kamins plaudert es sich ebenso behaglich von Heimat und Ferne, wie unter den Palmen des benachbarten Wintergartens

NORDDEUTSCHER LLOYD BREMEN

Schreibzimmer

Wintergarten

NORDDEUTSCHER LLOYD BREMEN

Wohnraum

Staatskabinen

Diese Räume, deren Einrichtungen größte Bequemlichkeit gestatten, sind mit gediegenem Luxus und schlichter Vornehmheit ausgestattet

Bad, zur Staatskabine gehörig

NORDDEUTSCHER LLOYD BREMEN

Schlafraum, zur Staatskabine gehörig

NORDDEUTSCHER LLOYD BREMEN

Schwimmbad
Ein Märchen in Blau und Grün ist das Schwimmbad, in dem zur Morgenstunde sportfreudiges Leben und Treiben beginnt, um in köstlich-erfrischendem Bad den Körper zu stählen und die Glieder geschmeidig zu erhalten. Ganz in der Nähe des Schwimmbades findet man auch den Turnsaal und medizinische Bäder

Bar im Schwimmbad

NORDDEUTSCHER LLOYD BREMEN

Ruheraum

Kinderspielzimmer

Fröhliche Kinder vertreiben sich die Zeit im Spielzimmer mit der Rutschbahn und dem Kasperletheater, mit den lustigen Wand- und Deckenmalereien und den vielen Spielsachen

Elektrische Bäder und Turnsaal

In der Nähe des Schwimmbades befinden sich die Anlagen für medizinische Bäder aller Art und ein Turnsaal. Es ist somit Gelegenheit zur Gesundheitspflege in ausreichendem Maße geboten

NORDDEUTSCHER LLOYD BREMEN

Damensalon II. Klasse

Der Salon wird in jeder Beziehung seiner Bestimmung gerecht, Umwelt der Dame zu sein. Von einschmeichelnder Helligkeit sind seine Farben. Ihr harmonischer Zusammenklang entzückt das Auge

NORDDEUTSCHER LLOYD BREMEN

Bibliotheks-
ecke im
Damensalon
II. Klasse

NORDDEUTSCHER LLOYD BREMEN

Speisesaal II. Klasse
Der Saal besitzt die auf seinen Zweck raumkünstlerisch abgestimmte Ausstattung. Er ist in lichtem Schleiflack mit leichter Vergoldung gehalten

NORDDEUTSCHER LLOYD BREMEN

Gesellschaftshalle II. Klasse
Die Ausstattung dieses Raums ist vornehmster Art. Sie löst Stimmungen von größter Behaglichkeit aus

NORDDEUTSCHER LLOYD BREMEN

Gesellschaftshalle II. Klasse
Eine der Nischen, die die geschmackvoll angewandte Innenarchitektur erkennen läßt

NORDDEUTSCHER LLOYD BREMEN

Rauchsalon II. Klasse

Holz und Leder, zueinander in wirkungsvollem Gegensatz stehend, bekleiden die Flächen dieses Salons. Gemalte Panneaux, Ölbilder, Aquarelle und bunte Glasmalereien schmücken ihn

NORDDEUTSCHER LLOYD BREMEN

Laube

In der der Halle vorgelagerten Laube wird der Tee eingenommen. Sie ist mit Korbmöbeln ausgestattet und mit graziösen Malereien geschmückt

NORDDEUTSCHER LLOYD BREMEN

Turnsaal II. Klasse

Einbettige Kabine II. Klasse

NORDDEUTSCHER LLOYD BREMEN

Kinderspielzimmer II. Klasse

Sonnenuntergang auf See

www.ingramcontent.com/pod-product-compliance
Lightning Source LLC
Chambersburg PA
CBHW080226170426
43192CB00015B/2769